Die Reise nach Jerusalem

Die Reise nach Jerusalem

Mit Heinrich dem Löwen ins Heilige Land

Nach einer alten Chronik erzählt und gemalt von
Margret Rettich

westermann

Ich bin Konrad

Ich bin so alt, wie ich Finger an beiden Händen habe
und noch einen Finger dazu. Später will ich ein Mönch werden.
Dann lerne ich lesen und schreiben, und ich kann aufschreiben,
was ich alles erlebt habe. Damals, als ich mit Herzog Heinrich
in das Heilige Land nach Jerusalem gezogen bin.
Als daheim in der Burg zu Braunschweig für die Reise geplant
und gepackt wurde, nahm ich mir vor: Ich reise mit!
Es war aber kein Kreuzzug, sondern eine friedliche Pilgerreise.
Herzog Heinrich, den sie den Löwen nennen, wollte im Heiligen Land
beten, – für sein Sachsenland, für sich und für die Herzogin Mathilde,
die ein Kind erwartete. Darum blieb sie auch in Braunschweig.

Ich wollte nicht dableiben. Ich wollte mit, unbedingt.
Erst versteckte ich mich unter einem Karren, dann in einem Hafersack. Immer wurde ich aufgestöbert und fortgejagt. Da habe ich mich einfach als Knappe gemeldet. Die anderen Knappen waren alle älter als ich, aber ich bin groß für mein Alter. Der Marschall hat mich sofort genommen. Er brauchte viele Knappen. Sie mußten unterwegs für die Pferde und das Gepäck sorgen. Und es waren viele Pferde und viel Gepäck. Herzog Heinrich reiste mit großem Gefolge. Die Edlen des Landes, die Geistlichen und viele Ritter begleiteten ihn. Jeder von uns Knappen hatte für ein Reitpferd und für ein bis zwei Packpferde zu sorgen und für den Herren dazu. Ich wurde einem geistlichen Herren zugeteilt. Er hieß Heinrich, wie unser Herzog, und war der Abt von St. Aegidien in Braunschweig. Er war so fromm, daß er stets sein härenes Mönchsgewand trug. Die anderen Herren hüllten sich lieber in Pelze. Es war nämlich Winter, als wir aufbrachen. Die große Reise nach Jerusalem begann am 20. Januar im Jahre des Herrn 1172.

Heinrich der Löwe

Herzog Heinrich ist fast so mächtig wie Kaiser Friedrich,
den sie Rotbart nennen, weil er einen roten Bart hat.
Der Bart von unserem Herzog ist schwarz, wie seine Haare
und seine Augen. Er ist ein strenger und gerechter Herr.
Wir reisten quer durch Sachsen, das ihm untertan ist.
Später kamen wir nach Bayern, das ihm auch untertan ist.
Anfang Februar unterbrachen wir die Reise in der Stadt Regensburg.

Das Wetter war noch immer kalt. Wir Knappen schliefen nachts
im Stroh und wärmten uns zwischen den Pferden.
Wir hatten uns angefreundet. Ein paar von uns konnten
die hohen Herren nachahmen, wie sie herumstolzierten
und sich wichtig taten. Wir kugelten durchs Stroh vor Vergnügen,
und die Pferde wieherten dazu.
Einmal konnten wir uns vor Lachen kaum halten. Das war aber
schon in Österreich, in der Veste Neuburg. Mein frommer Abt
erklärte mir, daß Herzog Heinrich dort zum Grab seiner Mutter wollte.
Sie war später hier mit Jasomir von Babenberg verheiratet gewesen.
Wir Knappen fanden, daß Jasomir ein komischer Name war.
Abends im Pferdestall wußte dann einer, woher dieser Name kam.
Eigentlich hieß der Babenberger ebenfalls Heinrich.
Aber er pflegte bei jeder Gelegenheit zu sagen: „Ja, so mir Gott helfe."
Wenn es schnell ging, sagte er auch nur: „Ja, so mir ...",
darum wurde er nun so genannt. Wir Knappen machten das
gleich nach. Wir sagten „Ja so mir", wenn wir geweckt wurden,
„Ja so mir", wenn wir unseren Napf auslöffelten und „Ja so mir"
beim Pferdestriegeln. Das war ein Spaß!

Auf dem Donaufluß

Wir kamen in eine große Stadt, und ich fragte meinen Abt: „Ist das Jerusalem?“ „Jerusalem ist noch weit“, sagte er, „das hier ist Wien. Es ist eine Hauptstadt.“
Von nun an sollte die Reise auf der Donau weitergehen. Schiffe wurden mit Proviant und Wein beladen.
Für die Pferde, die Wagen und die Karren blieb leider kein Platz. Während die Herren gemütlich zu Schiff flußabwärts fuhren, führten wir Knappen die Pferde auf dem Weg am Ufer entlang. Wir kamen nur langsam voran. Abends hatten die Schiffe längst festgemacht, wenn wir sie endlich erreichten und uns ausruhen durften.

An der Grenze nach Ungarn erwartete unseren Pilgerzug ein Bote.
Der König von Ungarn ließ uns durch ihn freies Geleit zusichern.
Kurz darauf kam ein anderer Bote und brachte eine schlimme Nachricht.
Im Lager des Herzogs herrschte große Aufregung.
Sogar wir Knappen bekamen mit, worum es ging.
In der Nacht vorher war der ungarische König ermordet worden.
Man munkelte, sein eigener Bruder habe ihn vergiften lassen,
um an die Macht zu kommen. Als ich bei den Pferden im Stroh lag,
konnte ich nicht einschlafen. Ich war so froh, daß ich
keine Macht hatte. Ich wollte auch nie eine bekommen,
um nicht ermordet zu werden. Wer weiß, was der Bruder
vom ungarischen König nun alles mit der Macht anfing.
Womöglich fiel er damit über unsern Pilgerzug her!

Aber schon am nächsten Tag kam wieder ein Bote.
Wir durften unbehelligt durch das Ungarland ziehen.
Die Schiffe schwammen weiter auf der Donau,
und wir kamen mit den Pferden und Wagen am Ufer hinterher.

Herzog Heinrich in Not

Niemand ahnte, daß der Herrgott einen schrecklichen Unfall verhindern mußte. Bisher waren die Flußufer flach oder sanft gewellt. Jetzt türmten sich am Ufer zu beiden Seiten hohe Felsen auf, durch die das Wasser in Strudeln und Stromschnellen brauste. Sämtliche Schiffe kamen sicher hindurch, nur ein Schiff kenterte. Ausgerechnet auf diesem Schiff befand sich Herzog Heinrich. Die Männer aus seinem Gefolge hätten ihn retten müssen, aber sie retteten nur das eigene Leben. Unser Herzog wäre ertrunken, hätte man nicht von einer nahen Burg aus alles beobachtet. Fremde eilten zu Hilfe und zogen ihn im letzten Augenblick aus den wilden Wasserwirbeln.
Wir Knappen hatten nicht mitbekommen, was passiert war. Wir mußten hier die Pferde in weitem Bogen um die Felsen herum führen. Darum kamen wir erst spät ins Nachtlager. Dort wurde gerade der Dankgottesdienst abgehalten. Mein frommer Abt betete danach noch die ganze Nacht hindurch. Auch ich konnte nicht schlafen. Was wäre aus uns geworden, wenn wir Herzog Heinrich verloren hätten? Es wäre schlimm für uns alle gewesen.

Im finsteren Wald

Aber dann wurde es richtig schlimm.
Eine Weile verlief die Reise noch weiter wie bisher.
Doch allmählich wurde das Flußbett flach.
Das Wasser versiegte, und die Schiffe blieben stecken.
Alle mußten nun zu Land weiterreisen.
Wir luden den Proviant von den Schiffen auf die Wagen und Karren um.
Die waren jetzt hoch beladen und mußten von mehreren Pferden
gezogen werden. Für einige Ritter blieben keine Pferde mehr übrig,
sie mußten zu Fuß marschieren. Rittern paßt so was gar nicht.

Wir kamen durch einen unheimlichen finsteren Wald,
den man den Bulgarenwald nennt.
Inzwischen war es Frühling geworden, und der Schnee
war geschmolzen. Die Karren sanken immer wieder ein
und blieben im Morast stecken. Oft brachen auch Räder oder Achsen.
Es dauerte lange, bis alles ausgebessert war.

Erst wurde heimlich gemurrt, dann wurde laut geschimpft.
Auch Herzog Heinrich verlor die Geduld.
Ich war in der Nähe und konnte zusehen, wie er wütend wurde.
Jetzt sah er wirklich wie ein Löwe aus.
Er befahl, den Proviant auf die Pferde zu packen und die Karren
einfach stehenzulassen. Als wir weiterzogen, blieb vieles zurück.
Fässer voll Wein, Krüge mit eingemachten Speisen, Fische und Wildbret.
Alles war aus zerrissenen Säcken mit Mehl bepudert,
als hätte es noch mal geschneit.
Wir Knappen stopften uns heimlich unsere Taschen voll
mit leckeren Sachen, die wir sonst nie bekommen hätten.
Am Abend aß ich soviel, daß ich fast platzte.
Dann beichtete ich alles meinem guten Abt.
Er ließ mich zur Buße Vaterunser beten, bis der Morgen graute.

Ein schlimmes Volk

Mitten in diesem Wald liegt hinter hohen Mauern die Stadt Ravenell. Man hatte unseren Herzog schon vorher gewarnt, daß die Bewohner dort unfreundlich zu allen Fremden seien. In Ravenell, so hieß es, haust ein wildes, gefährliches Volk.
Während ich die Pferde fütterte, hörte ich, was zwei Ritter sagten.
Der eine Ritter meinte: „Sie sind hier wohl ohne Gottesfurcht."
Der andere erwiderte: „Dann kennen sie nur die Lust des Fleisches."
Das fand ich nicht schlimm, weil auch ich oft Lust
auf ein Stück Fleisch habe. Trotzdem wurde mir bang.

Seit wir Ungarn verlassen hatten, reiste ein Gesandter
des griechischen Kaisers mit uns. Weil nun die Bewohner von Ravenell
griechische Untertanen waren, begab er sich in die Stadt und bat
um einen ehrenvollen Empfang für Herzog Heinrich, wie das üblich war.
Er wurde jedoch mit Schimpf und Schande fortgejagt.
Unser Herzog wurde nicht vorgelassen.

Nächtlicher Überfall

Paßt auf, er wird wieder zum Löwen!“ sagten die Ritter untereinander. Doch Herzog Heinrich blieb besonnen.
Man fand einen Platz für das Nachtlager.
Es lag geschützt in den Bergen an einem Bach.
Feuer wurden angezündet, und Wachen wurden aufgestellt.
Mitten in der Nacht kamen die wüsten Kerle von Ravenell.
Sie kamen von allen Seiten und heulten und brüllten, so laut sie konnten. Wahrscheinlich sollten wir vor Schreck ausreißen.
Dann hätten sie all unsere Habe plündern können.
Aber sie hatten sich getäuscht.

Unsere Männer waren zum Kampf bereit, sogar die Geistlichen.
Wir Knappen mußten abseits die Pferde und das Gepäck hüten.
Schon schwirrten Pfeile aus dem Hinterhalt.
Ein Pfeil traf einen Ritter. Neben mir wurden zwei Knappen getroffen.
Ich kam davon, weil ich mich platt auf den Boden geworfen hatte.
Diese Wilden haben nämlich vergiftete Pfeile.
Wer getroffen wird, fällt tot um.
Eigentlich waren wir ein frommer, friedlicher Pilgerzug.
Doch jetzt mußten wir uns wehren. Unsere Ritter hieben auf die Angreifer ein und drängten sie zurück. Ein Wurfgeschoß erwischte ihren Anführer. Da versteckten sich die übrigen im Gebüsch.
Dort lauerten sie, bis wir weiterzogen, aber sie griffen nicht mehr an.

Wir waren froh, als das Abenteuer im Bulgarenwald überstanden war.

In einer Märchenstadt

Jetzt führte unsere Reise quer durch Griechenland. Überall
grünte und blühte es. Überall wurden wir freundlich begrüßt.
Ostern erreichten wir Konstantinopel und staunten.
Es war eine Märchenstadt.
Ich konnte mir nie vorstellen, daß es soviel Pracht und Reichtum gibt.
Immerhin ist die Burg Dankwarderode in Braunschweig
nicht gerade armselig. Aber gegen die Paläste hier kommt sie nicht an.
Der Kaiser von Konstantinopel hatte alle Vornehmen seines Landes
zum Empfang von Herzog Heinrich geladen.
Auf einem weiten Platz hatte jeder sein Zelt aufgeschlagen.
Zelte aus Purpur mit Gold, das in der Sonne funkelte.
Zum Zelt des Kaisers war der Weg mit purpurroten Teppichen belegt.
Darüber wölbte sich ein Dach aus goldbestickter Seide.
Während die Messe gelesen wurde, saßen der Kaiser und Herzog Heinrich
nebeneinander in der Kirche Hagia Sophia. Später kehrten sie wieder
ins kaiserliche Zelt zurück. Alle aßen und tranken und waren vergnügt.
Selbst uns Knappen ging es gut, wir wurden sogar beschenkt.
Allerdings nicht so reich wie die Ritter. Die bekamen von der Kaiserin
Samt, bunte Felle und kleine Zobelpelze. Das beste Geschenk
erhielt Herzog Heinrich. Es war ein stattliches Schiff, so groß,
daß wir diesmal alle darauf Platz hatten. Alle, bis auf die Pferde.
Sie blieben bis zu unserer Rückkehr in Konstantinopel.

Im Sturm auf dem Meer

Von Konstantinopel aus segelten wir nun los.
Anfangs war uns das Wetter gut gesonnen.
Der Wind blies ganz sacht, und die Sonne lachte am Himmel.

Doch eines Nachts erhob sich ein gewaltiger Sturm. Alle bekamen Angst um ihr Leben. Alle außer mir. Ich schlief so fest wie noch nie, und ich träumte dabei. Ich träumte von der Jungfrau Maria.
Sie fragte mich: „Hast du etwa Angst?“ „Ja“, sagte ich im Traum, „ich habe ganz große Angst, denn vielleicht werden wir gleich untergehen.“
Da sagte sie: „Hab keine Angst. Jemand ist da, der für euch betet.“

Ich wachte auf, und da lag der gute, fromme Abt Heinrich
neben mir auf den Knien und betete.
Ich kletterte an Deck. Da sah es wüst aus.
Gott sei Dank waren die Segel gerefft, sonst wären sie zerfetzt worden.
Viel schlimmer waren die haushohen Wellen ringsumher
und die vielen Felsen, an die unser Schiff fast geschleudert wurde.

Nach und nach beruhigte sich der Sturm.
Als es bald darauf hell wurde, taten sich die Felsen auf wie ein Tor,
durch das wir sicher hindurchglitten.

Im Heiligen Land

Unser Schiff landete in Akko.
Nun war es nicht mehr weit bis nach Jerusalem.
Weil unsere Pferde in Konstantinopel geblieben waren,
mußten Reittiere her. Herzog Heinrich bekam ein Pferd.
Viele Herren aus seinem Gefolge kletterten auf Maultiere.
Für manchen Ritter blieb nur ein Esel übrig. Das sah komisch aus,
und wir Knappen hatten wieder was zu lachen, als wir hinterherliefen.

Vor Jerusalem empfingen uns feierlich
die Tempelritter und geleiteten uns in die Stadt.
Herzog Heinrich schenkte dort der Grabeskirche viel Geld und ließ
die Kirche zum Heiligen Kreuz mit Mosaiken und Silber schmücken.
Dann wurde er mit seinem Gefolge in den Palast von König Amalrich
geladen. Dort erholten sich alle drei Tage lang.
Wir Knappen trieben uns inzwischen in den Gassen herum.
Ich mußte immerzu daran denken, daß ja hier die Heiligen Stätten waren,
von denen in der Kirche erzählt wird.

Es gab aber auch Heilige Stätten außerhalb von Jerusalem.
Wir mußten alle mit, als Herzog Heinrich den Oelberg bestieg
und nach Bethlehem und nach Nazareth pilgerte.
Wir kamen an den Jordan und zum Berg Quarantal im Gebirge Ephraim.
Mein guter Abt hatte mir erzählt, daß hier Jesus vom Teufel gequält wurde.
Hoffentlich läßt uns der Teufel in Ruhe, dachte ich.
Als der gute fromme Abt hier die Messe las, bekam er einen Sonnenstich.
Beim Abstieg taumelte er nur noch. Er stützte sich so fest auf mich,
daß wir fast in den Abgrund stürzten.
Es muß wohl der Teufel gewesen sein, der uns da gequält hat.

Durch die Wüste

Nun machten wir uns auf den Heimweg.
In Akko lag schon unser Schiff bereit. Plötzlich entschloß sich Herzog Heinrich, auf dem Landweg nach Konstantinopel zu reisen. Alle rieten ihm davon ab.
Den Sarazenen, die in diesem Gebiet hausten, sei nicht zu trauen.
Rechtzeitig erfuhr der Herzog, daß sie tatsächlich eine gemeine Hinterlist gegen ihn planten. Wir segelten also lieber mit dem Schiff um diese gefährliche Gegend herum.
Wer weiß, wie es uns sonst ergangen wäre.

Aber dann bestand Herzog Heinrich darauf, daß es zu Land weiterging. Dabei erging es uns schlecht. Wir mußten nämlich die Rumenische Wüste durchqueren. Der Weg zog sich endlos hin. Alles um uns herum war öde und kahl. Dazu war es ganz trocken und glühend heiß. Es gab nichts, nicht mal Wasser. Vorsorglich waren unsere Tiere mit Wasserschläuchen beladen worden. Bald waren die Schläuche leer. Fast wären wir verschmachtet. Der Wüstenwind hätte uns mit Sand zugedeckt.
Keine Spur wäre von uns übriggeblieben.

Beim Sultan

Alle Drangsal war vergessen, als wir nach Heraklea kamen, in das Land der Türken. Dort empfing uns der nette alte Sultan. Ich war in der Nähe und sah zu, wie er unseren Herzog umarmte und abküßte. Dabei schimpfte er auf die bösen Sarazenen.
Dann wurde Herzog Heinrich von ihm beschenkt.
Wir rissen die Augen auf, als wir diese Geschenke sahen.
Außer wertvollen Mänteln und Reitpferden mit silbernem Zaumzeug schenkte ihm der Sultan sechs riesige Zelte aus Filz, die zusammengerollt auf Kamele gepackt waren. Die Kamele wurden von Sklaven geführt.
Aber das war noch lange nicht alles.

Jeder aus dem Gefolge des Herzogs durfte sich ein Pferd aussuchen.
Und der Herzog selber bekam obendrein zwei zahme Leoparden.
Ob die Leoparden wirklich ganz zahm waren, weiß ich nicht.
Ich machte lieber einen Bogen um sie.
Aber ich dachte heimlich: Unser Herzog Heinrich
muß ein großer berühmter Mann sein, wenn er überall
so herzlich aufgenommen und reich beschenkt wird wie hier.
Wir reisten weiter auf dem Landweg. Obwohl wir uns etwas erholt hatten,
waren wir bald wieder müde und erschöpft.
Auf dem Hinweg hatten uns Mühe und Plagen nicht soviel ausgemacht.
Wir sahen ja vor uns Jerusalem im Heiligen Land, das wir erreichen wollten.

Wir kamen durch ein Wüstengebiet, dann durch einen großen Wald.
Schließlich erreichten wir noch einmal die Märchenstadt Konstantinopel.

Alte Knochen

In Konstantinopel durften wir uns ausruhen und erholen.
Herzog Heinrich wurde wie beim ersten Besuch vom Kaiser
aufgenommen und bewirtet. Auch diesmal sollte er wieder
kostbare Geschenke entgegennehmen.
Er sollte vierzehn Maultiere bekommen, die hoch bepackt waren
mit Gold und Silber und seidenen Stoffen.
Unser Herzog lehnte dankend ab. Er bat um etwas anderes.
Als wir Knappen hörten, worum er gebeten hatte, waren wir sprachlos.
Wie konnte er Kostbarkeiten ausschlagen und dafür alte Knochen verlangen?
Mein guter Abt erklärte mir jedoch, wie kostbar diese Knochen seien.
Es waren lauter Knochen von Heiligen. Sie heißen Reliquien
und werden verehrt. Manchmal können sie sogar Krankheiten heilen.
Herzog Heinrich wollte diese Knochen reich verzieren lassen.
Dann sollten sie im Dom von Braunschweig ausgestellt werden.
Alle daheim sollten an den Geschenken teilhaben, die man ihm
auf seiner Pilgerreise überreicht hatte.

Glückliche Heimkehr

Von nun an erlebten wir keine Abenteuer mehr.
Wir reisten auf dem gleichen Weg zurück, auf dem wir hergekommen waren. Genau nach einem Jahr erreichten wir Braunschweig. Herzogin Mathilde stand in der Burg auf dem Söller. Sie hielt die kleine Tochter hoch, die sie inzwischen bekommen hatte.
Alle waren froh, daß wir wohlbehalten wieder da waren.

Ich aber bin fest entschlossen, später ein Mönch zu werden.
Als Mönch lerne ich nämlich lesen und schreiben.
Dann schreibe ich alles auf, was ich auf dieser Reise erlebt habe.
Auf der Reise mit Herzog Heinrich nach Jerusalem ins Heilige Land.

Auf den Spuren Heinrichs des Löwen

Das Geschlecht der Welfen stammt aus der Bodenseegegend mit dem späteren Stammsitz Ravensburg und gehörte schon um 800, zur Zeit Kaiser Karls des Großen, zum Hochadel des Reiches. Zwei Töchter heirateten karolingische Könige.

Um **1129–31** wurde Heinrich geboren, den man später den Löwen nannte. Seine Eltern waren Gertrud, die Tochter von Kaiser Lothar II. von Süpplingenburg, und der Welfe Heinrich der Stolze, Herzog von Bayern und Sachsen und Markgraf von Tuszien (Toskana).

1139 stirbt Heinrichs Vater.

1142 wird Heinrich Herzog von Sachsen. Im gleichen Jahr heiratet seine Mutter den Babenberger Heinrich Jasomirgott, Herzog von Bayern, und stirbt schon ein Jahr später.

1152 Nach dem Tod König Konrads III. wird Heinrichs Vetter, der Staufer Friedrich Barbarossa (Rotbart) zum deutschen König gewählt. Die Freundschaft zwischen Heinrich dem Löwen und Friedrich Barbarossa beginnt.

1155 wird Friedrich I. Barbarossa vom Papst in Rom zum Kaiser gekrönt.

1156 Heinrich der Löwe wird auch Herzog von Bayern. Kurz darauf gründet er München und baut Lübeck wieder auf. Er fördert den Handel seiner Städte im Norden und kolonisiert dort weite Gebiete.

1166 Heinrich läßt das Löwenstandbild vor seiner Burg Dankwarderode in Braunschweig errichten. Da Heinrich immer mächtiger wird, verschwören sich die Fürsten im Norden gegen ihn. Nach schweren Kämpfen siegt Heinrich mit Hilfe des Kaisers 1170 schließlich über seine Gegner.

1168 heiratet Heinrich im Mindener Dom seine zweite Frau Mathilde, die Schwester von Richard Löwenherz. Sie ist die Tochter des englischen Königs Heinrich II., zu dessen Herrschaftsgebiet auch die Normandie und das Anjou in Frankreich gehörten, und der Eleonore, Erbin von Aquitanen in Südfrankreich.

1172 Heinrich der Löwe unternimmt eine Pilgerfahrt ins Heilige Land.

1173 Heinrich baut anstelle der alten Kirche den neuen „Dom" St. Blasius in Braunschweig.

1176 Heinrich verweigert in Chiavenna endgültig die Teilnahme am erneuten Italienzug Friedrich Barbarossas, obwohl der Kaiser ihn auf Knien um Unterstützung gebeten haben soll.

1178 beginnt der erste Prozeß gegen Heinrich den Löwen, über dessen rücksichtslose Machtpolitik sich viele Fürsten und Bischöfe beschwert hatten. Im nächsten Jahr wird auf dem Hoftag in Magdeburg die Reichsacht über ihn verhängt. Er hat die Freundschaft und den Schutz des Kaisers verloren.

1180 Nach mehreren Prozessen wird Heinrich schuldig gesprochen. Er verliert sein Herzogtum Sachsen, später auch Bayern. Beide Herzogtümer werden aufgeteilt. Heinrich wird der Reichskrieg erklärt.

1181 Heinrich unterliegt und unterwirft sich dem Kaiser auf dem Hoftag in Erfurt.

1182–85 Heinrich geht mit seiner Familie in die Verbannung zu seinem Schwiegervater König Heinrich II. von England und hält sich in dessen französischen und englischen Herrschaftsgebieten auf.

1185 darf Heinrich nach Deutschland zurückkehren und stiftet 1188 den Marienaltar für seinen Braunschweiger „Dom".

1189 Heinrich verweigert die Teilnahme am dritten Kreuzzug, den Kaiser Friedrich Barbarossa unternimmt, und geht wieder ins Exil nach England. Im gleichen Jahr stirbt seine Frau Mathilde in Braunschweig.

1190 Kaiser Friedrich Barbarossa stirbt auf dem Kreuzzug.

1195 Heinrich der Löwe stirbt in Braunschweig.

Der dritte Sohn Heinrichs des Löwen, Otto, wird 1198 deutscher König, 1201 vom Papst als Otto IV. zum Kaiser gekrönt, jedoch schon 1210 gebannt.
Er verlor 1212 die Entscheidungsschlacht gegen seine Gegner und starb 1218. Erst der Enkel Heinrichs, Otto das Kind, durfte seit 1234 wieder einen Herzogstitel führen, den des Herzogs von Braunschweig. Er ist der Ahnherr aller späteren Welfen.

Vor achthundert Jahren, in der Zeit
Heinrichs des Löwen, glaubte man, die Erde sei
eine Scheibe, vom Wasser umgeben
und vom Himmel überspannt, wo sich Sonne,
Mond und Sterne drehten.
Der Mittelpunkt dieser Erdscheibe war für die
Menschen damals die Heilige Stadt Jerusalem.
Wer dorthin pilgerte, um zu beten,
dem wurde Vergebung der Sünden
und ewiges Leben versprochen.

Margret Rettich, in Stettin geboren, studierte in Erfurt und legte dort ihr Diplom an der Kunstschule ab. Mit ihrem Mann, Rolf Rettich, eröffnete sie später ein Atelier in Leipzig. Danach siedelte das Ehepaar nach Niedersachsen über, wo beide heute leben und arbeiten. Nachdem Margret Rettich viele Bücher anderer Autoren illustriert hatte, begann sie, sich eigene Texte zu schreiben. Viele Bücher, versehen mit ihren Zeichnungen und Bildern, standen in der Auswahlliste zum Deutschen Jugendbuchpreis. Für das Bilderbuch „Die Reise mit der Jolle“ erhielt Margret Rettich 1981 den Deutschen Jugendliteraturpreis. Das Bilderbuch „Erzähl mal, wie es früher war“ kam 1983 in die Auswahlliste zum Deutschen Jugendliteraturpreis.

Die Reise nach Jerusalem
Text und Illustrationen von Margret Rettich

Das Buch entstand in Zusammenarbeit
mit dem Herzog Anton Ulrich-Museum, Braunschweig
Wissenschaftliche Betreuung:
Dr. Claus-Peter Hasse
Dr. Franz Niehoff
Dr. Anne Charlotte Steland

1. Auflage 1995

Verlagslektorat: Michael Tornette
Typographie: Eilert Focken

Satz: Fotosatz Otto Gutfreund GmbH, Darmstadt
Reproduktion: Reprotechnik Vogel, Braunschweig
Druck und Bindung: westermann druck GmbH, Braunschweig

ISBN 3-14-110200-7